LES PARTICIPES

FRANÇAIS,

MIS A LA PORTÉE

DE TOUS CEUX QUI SE FONT UNE LOI

DE PARLER

ET D'ÉCRIRE CORRECTEMENT.

LES PARTICIPES

FRANÇAIS,

MIS A LA PORTÉE

DE TOUS CEUX QUI SE FONT UNE LOI
DE PARLER
ET D'ÉCRIRE CORRECTEMENT;

PAR M. CAMINADE,

AUTEUR DE LA GRAMMAIRE USUELLE, ET MEMBRE
DE PLUSIEURS SOCIÉTÉS SAVANTES.

« Même avec un esprit borné, la connaissance unique mais
» profonde de la chose est préférable, pour en bien juger, à
» toutes les lumières que donne la culture des sciences, lors-
» qu'on n'y a pas joint l'étude particulière de celle dont il
» s'agit. »

(J. J. ROUSSEAU, *Confessions, liv. VII.*)

A PARIS,

Chez { H. AGASSE, Imprimeur-Libr., rue des Poitevins, n°. 6.

GARNERY, Libraire, rue de Seine, vis-à-vis celle Mazarine.

1806.

AVERTISSEMENT.

Cette nouvelle théorie peut servir d'appendice à la seconde édition de la *Grammaire usuelle*, qui se vend aux mêmes adresses, en deux volumes in-8°, brochés, 9 francs, *non compris le port de cinquante-quatre feuilles d'impression* (1).

L'auteur publie, avec un sentiment de reconnaissance, la lettre dont M. Fontanes l'a honoré, avant qu'il fût question de mettre à l'usage des Lycées la *petite Grammaire de Lhomond, revue, corrigée et augmentée par un ex-professeur de l'Université*. S'il n'y avait point alors un autre choix à faire, encore valait-il mieux s'en tenir purement à *Lhomond* : ce livre du moins ne semblait pas aussi répréhensible ; mais l'adoption de la *Grammaire* était un acheminement à celle du *Dictionnaire*, et l'on ne pouvait s'y prendre avec plus d'adresse pour son propre intérêt. O vous, que le jury des livres classiques a chargés de l'examen des deux ouvrages, quelle

____

(1) L'*Abrégé de la Grammaire usuelle*, troisième édition, se vend 1 franc 25 centimes, *non compris le port de dix feuilles d'impression.*

opinion voulez-vous qu'on ait de votre délicatesse (1)?

Paris, le 10 prairial an 12.

LE PRÉSIDENT DU CORPS LÉGISLATIF,

A M. CAMINADE.

« J'ai parcouru, Monsieur, la nouvelle édition de votre
» Grammaire; je la connaissais déjà. Il ne m'appartient pas
» de prononcer sur le mérite d'un ouvrage de ce genre; je
» puis seulement vous assurer que je n'en connais point qui
» réunisse plus de clarté à plus de précision; qui dise plus
» de choses en moins de mots; et qui, lorsqu'il ne dit pas
» tout, fournisse un texte plus riche aux développemens de
» l'instituteur : c'était au surplus ce qu'en pensait M. DE
» LAHARPE, et je m'autorise avec plaisir d'un nom qui vous
» est aussi cher qu'à moi. J'ai la confiance que ce jugement
» sera celui des hommes éclairés qui veillent aujourd'hui
» sur l'éducation publique. Puissent leurs suffrages vous
» consoler bientôt des injustices de l'envie, en récompen-
» sant les services que vous avez rendus aux lettres !

» Recevez tous mes vœux et l'assurance de ma parfaite
» considération. »

Signé, FONTANES.

---

(1) Quoiqu'il soit d'usage, depuis plus de vingt ans, d'écrire *oi*,
diphtongue, quand on prononce *oi*, comme dans « Je *perçois*, » (de
percevoir), et *ai*, syllabe, quand on prononce *ai*, comme dans « Je
» *perçais*, » (de *percer*), il est encore des hommes à qui une longue
habitude ne permet pas d'écrire « Je *perçais*, » autrement que « Je
» *perçois* : » ce vice d'orthographe, sous le rapport de l'âge, est excu-
sable ; mais ce qui ne l'est pas, c'est qu'au dix-neuvième siècle, les
principes de la langue française continuent d'être un problème pour les
maîtres comme pour les élèves.

LES PARTICIPES

FRANÇAIS,

MIS À LA PORTÉE

DE TOUS CEUX QUI SE FONT UNE LOI

DE PARLER

ET D'ÉCRIRE CORRECTEMENT.

Le *participe* est un mot qui tient de la nature du *verbe* et de celle de l'*adjectif* : il tient de la nature du *verbe*, en ce qu'il a quelquefois comme lui un *régime direct* (1) ; et de la nature de l'*adjectif*, en ce qu'il s'accorde souvent en *genre* et en *nombre* avec un *nom* (2) ou un *pronom substantif*.

---

(1) Il n'est donc pas permis de dire avec d'Olivet, que tout *participe* est *adjectif* : cette doctrine est totalement opposée à la nature du *participe actif*, dont l'essence est d'être *indéclinable*. Il n'en faut pas davantage non plus pour sentir le vice de cet autre principe, qui tend à insinuer qu'en français, il n'y a qu'un *verbe* proprement dit, qui est le verbe *être* ; et cela, sous prétexte que *j'aime* signifie *je suis aimant*, que *je finis* signifie *je suis finissant*, etc., comme si le génie de notre langue permettait de donner un *sens actif* à des *verbes* pris *passivement*. Au surplus, toutes ces belles théories sont démenties par le fait ; car il n'est personne qui ne sache que le *participe*, joint au verbe *être*, se décline toujours ; mais que le *participe*, joint au verbe *avoir*, se décline dans un sens, et ne se décline pas dans un autre : d'où il suit que le *participe* est un mot à part, qu'on ne doit confondre, ni avec le *verbe*, ni avec l'*adjectif*.

(2) La preuve que le *participe* peut aussi bien s'accorder avec un *nom*

Il y a deux sortes de *participes*, l'un qui marque le *présent*, et l'autre qui marque le *passé* : le premier s'appelle *participe actif*, parce qu'il participe du *verbe* dont la signification est *active* (1) ; le second s'appelle *participe passif*, parce qu'il participe du *verbe* dont la signification est *passive*.

Du *Participe actif*.

Le *participe actif* se termine toujours en *ant*, soit qu'il forme un *temps simple*, comme *aimant*; soit

---

qu'avec un *pronom*, c'est que quand on dit : « *Que* d'erreurs il *a commises !* » Ou, « *Combien* de fautes n'a-t-il pas *faites !* » le *participe* se rapporte, non pas à *que de*, *combien de*, qui sont pris *adverbialement*, mais au substantif *erreurs*, et au substantif *fautes*. C'est du moins comme s'il y avait : « Il a commis (Quoi ?) *bien des erreurs.* » Et, « Il a fait (Quoi ?) *bien des fautes.* » Ces *régimes* précèdent; donc les *participes* sont *déclinables*.

(1) En vain dirait-on que le *participe actif* n'exprime pas une action dans *étant*, *demeurant*, *hésitant* : pour peu qu'on y réfléchisse, on verra que la dénomination de *participe* répond à toutes les objections : exiger une plus grande justesse, ce serait vouloir qu'on créât des mots sans nécessité. --- BEAUZÉE a dit, dans l'*Encyclopédie méthodique*, (*Dictionnaire de Grammaire et de Littérature*) : « L'indéclinabilité de nos *participes actifs* ne doit point empêcher qu'on ne les regarde comme des *adjectifs verbes*; cette indéclinabilité leur est accidentelle, puisque anciennement ils se déclinaient; et ce qui est accidentel ne change point la nature indestructible des mots. » Il n'y a sur ce paragraphe, qu'une observation à faire pour en détruire tout l'échafaudage; c'est que les *participes actifs* ont perdu leur déclinabilité, parce qu'on a reconnu que leur nature de verbe l'emportait de beaucoup sur celle d'*adjectif*; et comme, avec le temps, il faut que tout se perfectionne, il en a résulté qu'on a laissé aux *adjectifs verbaux* la faculté de s'allier au verbe *être*, c'est-à-dire, de se décliner; et aux *participes actifs*, la faculté de conserver leur nature de verbe, c'est-à-dire, de ne point se décliner.

qu'il

qu'il forme un *temps composé*, comme *étant aimé* ou *aimée*.

Il arrive souvent de confondre ce *participe*, ou avec l'*adjectif* qui se termine de même, ou avec le *gérondif* qui n'est point précédé de la préposition *en*; mais il est d'autant plus nécessaire de les distinguer, que l'*adjectif* se décline toujours; au lieu que le *participe* ne se décline jamais.

L'*adjectif* en *ant* est *simple*, comme *attenant*; ou *verbal*, comme *dépendant*: ainsi quand on dit, « ces terres sont *attenantes* aux vôtres, » l'*adjectif* est *simple*, parce qu'il ne vient d'aucun *verbe*; et quand on dit, « ces vignes sont *dépendantes* des miennes, l'*adjectif* est *verbal*, parce qu'il vient du verbe *dépendre*.

L'*adjectif verbal* a cela de particulier, qu'il se considère, tantôt comme *adjectif*, et tantôt comme *participe*: dans ces deux exemples, empruntés de J, J. ROUSSEAU, « Il se peut qu'ils soient *aimants* et sensibles (1), » ou, « J'ai le cœur très-*aimant* (2) », le mot *aimant* est *adjectif*, parce que rien n'empêche qu'il ne s'allie au verbe *être*; mais dans cette autre façon de parler, « N'*aimant* que son plaisir, elle passe pour une tête à l'évent, » le mot *aimant* est *participe*, parce qu'il a un *régime direct*, exprimé par *son plaisir*; et que, dans ce cas, il ne peut s'allier au verbe *être*. LAHARPE, dans son *Cours de littérature* (tome X,

---

(1) Lettre au *maréchal de Luxembourg*.
(2) Lettre à *M. de Malesherbes*. (On prononce *Mal'-s'herbes*.)

B

page 15), fournit encore un exemple du *participe :*
« Qui ne serait pas touché de voir une mère, dans la
situation de Mérope, *aimant* son fils à ce point,
n'*ayant* d'autre espoir ni d'autre bien au monde, et
tremblant de le perdre à tout moment, ou de l'avoir
déjà perdu. » — Dans cet exemple, pourquoi *trem-*
blant et non pas *tremblante ?* Parce que *tremblant* doit
être là de même nature que *aimant* et *ayant* (1).

Enfin l'*adjectif* suppose un *substantif ;* au lieu que
le *participe* suppose, ou un *sujet ,* ou un *régime ,* ou un
complément (2).

RÈGLE GÉNÉRALE. Le *participe actif* perd sa
nature de *participe ,* c'est-à-dire, se transforme en
adjectif quand il marque une *qualité ;* ce qui arrive
toutes les fois qu'il peut s'allier au verbe *être* sans
altérer le sens de la phrase : mais le *participe actif*
conserve sa nature de *participe ,* c'est-à-dire, reste
indéclinable , quand il marque une *circonstance ;* ce

----

(1) En termes de pratique, cette façon de parler, « Ses hoirs et *ayants*
» cause, » est un reste de barbarie, que l'usage a consacré, mais qui
ne détruit point la règle ; car le participe *ayant* n'est pas plus susceptible
de *genre* et de *nombre* que le participe *étant.* --- Il en est de même des
qualificatifs qui suivent : « Une femme *usante* et *jouissante* de ses droits.
Une requête *tendante* à. La *rendante* compte. L'*oyante* compte, etc.* » Ce
sont des façons de parler usitées ; on n'y peut rien changer.

(2) Dans ce premier exemple, « Des gens *vivant* bien, » le *participe*
a un *sujet ,* exprimé par *des gens.* --- Dans ce second exemple, « Des
» particuliers *vivant* de leurs rentes, » le *participe* a un *régime ,* exprimé
par *de leurs rentes.* --- Et dans ce troisième exemple, « Des ouvriers
» *vivant* au jour la journée, » le *participe* a un *complément ,* exprimé par
au jour la journée.

qui arrive toutes les fois qu'il se rapporte au *sujet*, qu'il est précédé du pronom *se*, ou qu'étant suivi, soit d'un *régime*, soit d'un *complément*, il ne peut s'allier au verbe *être* qu'en altérant le sens de la phrase.

EXEMPLES applicables à l'*Adjectif*.

« Cette étoffe *est approchante* de la vôtre (1). »

« Les rues *sont pleines d'allans et de venans* (2). »

« Les prêtres d'Égypte *étaient* prophètes et *voyants* (3). »

« Tels furent autrefois les Nomades ; tels sont encore aujourd'hui les Tartares *errants* et les Sauvages de l'Amérique (4). »

— Dans ces exemples, *approchante*, *allans*, *venans*, *voyants* et *errants* marquent une *qualité* ; donc ce sont des *adjectifs*. — Dans ces vers de BOILEAU (sat. 4),

---

(1) Quand on dit avec L'ACADÉMIE, « Ce sont deux couleurs fort » *approchantes* l'une de l'autre, » *approchantes* est *adjectif ;* mais quand on dit, « Il est *approchant* de midi, » *approchant* n'est ni *adjectif* ni *participe ;* ce mot est une espèce de *préposition*, puisque c'est comme s'il y avait, « Il est midi, ou *approchant*, » (*de midi* est sous-entendu). --- De même, quand on dit, en parlant d'une femme enceinte, « Je la » crois *approchant* de son terme, » *approchant* sert encore de *préposition*, puisque c'est comme s'il y avait, « Je la crois à son terme, ou *appro-* » *chant*, » (*de son terme* est sous-entendu).

(2) ACADÉMIE.

(3) VOLTAIRE, *Essai sur les mœurs et l'esprit des Nations.*

(4) J. J. ROUSSEAU, *Essai sur l'origine des langues.*

Sans mentir, l'avarice est une étrange rage,
Dira cet autre fou non moins privé de sens,
Qui jette, furieux, son bien à tous *venans*.

le mot *venans* est encore *adjectif*, puisque c'est comme s'il y avait, « A tous ceux qui *sont venans*, »

EXEMPLES applicables au *Participe actif*.

« Il (1) peint avec rapidité les derniers succès de ce grand-homme ; il fait voir l'Allemagne troublée, l'ennemi confus, l'aigle *prenant* déjà l'essor, et prête à s'envoler dans les montagnes ; l'artillerie *tonnant* de toutes parts pour favoriser la retraite ; la France et l'Europe dans l'attente d'un grand événement. »

« Toutes les planètes, *circulant* autour du soleil, paraissent avoir été mises en mouvement par une impulsion commune (2). »

« Les malheurs de l'empire *croissant* tous les jours, on fut naturellement porté à attribuer les mauvais succès dans la guerre et les traités honteux dans la paix, à la mauvaise conduite de ceux qui gouvernaient (3). »

« Le Lacédémonien Pédarète se présente pour être admis au conseil des trois cents ; il est rejeté ; il s'en retourne tout joyeux de ce qu'il s'est trouvé dans Sparte trois cents hommes *valant* mieux que lui (4). »

---

(1) FLÉCHIER. --- *Eloge de Turenne*, par THOMAS.

(2) BUFFON, *Epoques de la Nature.*

(3) MONTESQUIEU, *Grandeur et décadence des Romains*, chap. 21.

(4) J. J. ROUSSEAU, *Emile*, tom. *I.* in-8°. pag. 12. --- On lit, dans

PARTICIPES FRANÇAIS.

« Que vous dirai-je ? Hélas ! leurs têtes exposées,
Du vainqueur insolent excitent les risées,
Tandis que leurs sujets, *tremblant* de murmurer,
Baissent des yeux mourants qui craignent de pleurer. (1). »

— Dans ces exemples, *prenant, tonnant, circulant, croissant, valant* et *tremblant* marquent une *circonstance* ; donc ce sont des *participes.*

On vient de dire que, dans les premiers exemples, il n'y a que des *adjectifs*, par la raison qu'ils marquent une *qualité* ; et que, dans les derniers, il n'y a que des *participes*, par la raison qu'ils marquent une *circonstance*. Mais que doit-on entendre par ces termes, *qualité* et *circonstance* ? — La *qualité* est une *qualification* ; la *circonstance* est une *particularité* ; ainsi les deux mots s'entendent très-bien.

Ajoutons ici, par forme de corollaire, que *prenant* est *participe*, parce qu'il est suivi d'un *régime direct*, et que, dans ce cas, il n'y a jamais à hésiter. — Que *tonnant* est *participe*, parce que l'*artillerie qui tonne* est censée *faire du ravage*, et que l'*artillerie qui est tonnante* est censée *faire du bruit*. — Que *circulant* est *participe*, parce que *des planètes qui circulent* se meuvent réellement, et que *des planètes qui sont circu-*

---

cette édition, imprimée à la Haye en 1762, « Trois cents hommes *valants* mieux que lui ; » il faut lire, « *Valant* mieux que lui ; » pourquoi ? Parce qu'on ne dit pas plus, « Des hommes *qui étaient valants*, » que des femmes *qui étaient valantes* : » en ce sens, c'est comme s'il y avait, « Trois cents hommes *qui valaient* mieux que lui. » Ce ne peut être qu'une faute d'impression ; aussi s'est-on permis de la corriger.

(1) VOLTAIRE, *l'Orphelin de la Chine*, act. I, sc. 3.

lantes se meuvent ou ne se meuvent pas. — Que *croissant* est *participe*, parce qu'il ne peut admettre la préposition *en* ; c'est du moins comme s'il y avait, « *Quand on vit que* les malheurs de l'empire croissaient tous les jours. » — Que *volant* est *participe*, parce qu'il ne peut s'allier au verbe *être*. — Enfin, que *tremblant* est *participe*, parce qu'il se rapporte au sujet. On voit par-là de quel secours est le raisonnement en fait de règle.

Il n'appartient qu'aux poètes de donner au *participe actif* la terminaison qui leur plaît ; ainsi LAFON-TAINE a pu dire (1),

> C'est à ce coup qu'il faut décamper, mes enfans;
> Et les petits, en même temps,
> *Voletants* et *se culbutants*,
> Délogèrent tous sans trompette.

En prose il aurait dit, « *Voletant* et *se culbutant.* » Pourquoi ? Parce que le pronom *se* indique assez que *voletant* et *culbutant* sont des *participes*, puisque c'est comme s'il y avait, « Et les petits *qui voletaient* et *qui se culbutaient.* » Cette autre façon de parler, « Et les petits *qui étaient voletants* et qui *se culbutaient,* » aurait quelque chose de louche, en ce que *voletant* marque aussi bien une *circonstance*, que *se culbutant.*

Maintenant, il ne s'agit plus que de comparer entre eux l'*adjectif*, le *participe* et le *gérondif*. — L'*adjectif* diffère du *participe* et du *gérondif*, en ce que ceux-ci

---

(1) *Liv. IV, fabl.* 22.

servent à *circonstancier un fait*, et que celui-là sert à *qualifier un nom*. — Le *participe* diffère lui-même du *gérondif*, en ce que le *participe* tient essentiellement au *sujet*, et que le *gérondif* ne tient qu'accidentellement au *verbe*. — Dans ces vers de RACINE (*Esth.* act. 1, sc. 1),

> Et c'est là que *fuyant* l'orgueil du diadême,
> Lasse de vains honneurs, et me *cherchant* moi-même,
> Aux pieds de l'Éternel je viens m'humilier.

fuyant et *cherchant* sont des *participes*, parce qu'ils ajoutent une *circonstance* au *sujet*, exprimé par *je*. — Dans ces vers de LAFONTAINE (*liv. VII, fabl.* 10),

> On m'élit roi, mon peuple m'aime ;
> Les diadêmes vont sur ma tête *pleuvant :*
> Quelque accident fait-il que je rentre en moi-même ?
> Je suis Gros-Jean comme devant.

pleuvant est *gérondif*, parce qu'il ajoute une *circonstance* au *verbe*, exprimé par *vont*. — Dans cet exemple tiré de BOSSUET, « L'empire des Perses *allait croissant*, » *croissant* est encore *gérondif*. — Dans ces vers de VOLTAIRE (*Zaïre*, act. 2, sc. 3),

> Je le suivis, Seigneur, au bord de la Charente,
> Lorsque du fier Anglais la valeur menaçante,
> *Cédant* à nos efforts trop long-temps captivés,
> Satisfit, *en tombant*, aux lys qu'ils ont bravés.

cédant est *participe* (1), *en tombant* est *gérondif*. — Dans ce vers de BOILEAU (*Épît. IX*),

---

(1) Il est si vrai que *cédant* est *participe*, et non pas *gérondif*, que la *préposition* étant exprimée devant *tombant*, on ne pourrait la sous-en-

Voulant se redresser, soi-même on s'estropie.

voulant est *gérondif*, parce que la préposition *en* est sous-entendue.

Toutes ces observations tendent à prouver qu'il faut dire, « Des contes *charmants*; des fables *charmantes*. » Et, « Des filles *travaillant* à la terre; des femmes *arrivant* de campagne (1). » D'où vient cette différence? De celle qui se trouve entre le *participe* et l'*adjectif*. — *Charmants*, *charmantes*, marquent une *qualité*; *travaillant*, *arrivant*, marquent une *circonstance* : voilà ce qu'il faut bien observer.

---

tendre devant *cédant*, puisque c'est comme s'il y avait, « *Qui cédait à nos efforts*, etc. » D'ailleurs, *en cédant*, *en tombant*, formeraient un *pléonasme*. --- Il y a beaucoup d'occasions, dit Duclos, où le *gérondif* et le *participe* peuvent être pris indifféremment l'un pour l'autre. --- Exemple. « Les hommes, *jugeant* sur l'apparence, sont sujets à se tromper. » Il est assez indifférent, ajoute-t-il, qu'on entende dans cette proposition, « Les hommes *en jugeant* ou *qui jugent* sur l'apparence. » Mais il y a des occasions où l'on doit mettre la préposition *en*, ou le pronom *qui*, si l'on veut éviter l'équivoque. --- Exemple. « Je l'ai rencontré *allant* à la campagne. » *Allant* ne marque pas assez nettement si c'est celui qui a rencontré, ou qui a été rencontré, qui allait à la campagne. » A l'égard du premier, *allant* est *gérondif*, et il est *participe* à l'égard du second. (*Remarques sur la Grammaire générale de MM. de Port-Royal.*)

(1) Il n'est pas plus permis de dire, « Je suis *arrivant*, » ou, « Je suis *arrivante*, » que, « Je suis homme *arrivant*, » ou, « Je suis femme *arrivante*. » Il faut absolument dire, « *J'arrive à l'instant*. » --- De même, au lieu de dire, « Rancune *tenante*, » il faut dire, « Rancune *tenant*. » --- On convient que ce sont là des nuances presque imperceptibles; mais quelque fines qu'elles soient, il suffit que le raisonnement vienne toujours à l'appui de la règle, pour qu'elles ne doivent point échapper.

Ciel !

Ciel ! si vous aviez vu ce temple abandonné,
Du Dieu que nous servons le temple profané,
Nos pères, nos enfans, nos filles et nos femmes,
Aux pieds de nos autels *expirant* dans les flammes,
Et notre dernier roi, courbé du faix des ans,
Massacré sans pitié sur ses fils *expirants*.

Dans ces vers empruntés de VOLTAIRE (1), *expirant* (dans les flammes) est *participe* ; *expirants* (sur ses fils) est *adjectif*. — On lit, dans l'*Essai sur l'origine des langues*, par J. J. ROUSSEAU : « Rarement, après plusieurs générations, des hommes hors de leur pays, conservent leur premier langage, même *ayant* des travaux communs, et *vivant* entre eux en société. — *Ayant* et *vivant* sont des *gérondifs*, parce que c'est comme s'il y avait, « *en ayant* et *en vivant* (2). »

Du *Participe passif*.

Le *participe passif* est le seul qui varie dans ses terminaisons.

---

(1) *Zaïre*, act. 2, sc. 1.

(2) LEMIERRE a dit, dans son *Poème de la Peinture*,

L'un né pour moissonner dans les champs de l'Histoire,
Nous peindra les héros *courants* à la victoire,
Le front des *combattants*, leur choc impétueux,
Les coursiers *écumants*, la poussière, les feux.

Il devait dire, *courant*, (*participe*), et non pas, *courants*, (*adjectif*); pourquoi ? Parce qu'il y a loin des héros *qui courent* (à la victoire), à des héros *qui sont courants* (sur le champ de bataille) : s'il y avait là trois *participes*, « *combattants*, *écumants*, » seraient eux-mêmes indéclinables ; mais *combattants* est *substantif*; *écumants* est *adjectif*; donc ils sont *déclinables*.

C

En français, *me*, *te*, *se*, *nous*, *vous*, *le*, *la*, *les*, *en*, *que* (relatif), *que*, *de*, *combien de*, *quel*, *quelle*, *quels*, *quelles* (1), sont autant de mots qui servent à distinguer le *régime* qui précède, d'avec le *régime* qui suit (2).

Il n'y a que le *régime direct* qui influe sur le *participe passif*; encore cela ne doit-il s'entendre que du *régime* qui précède; car le *régime* qui suit, n'influe pas plus sur le *participe*, que le *régime indirect*.

SYNTAXE.

Toutes les règles du *participe passif* se réduisent à deux principales. Ces règles, les voici :

PREMIÈRE RÈGLE. — Quand le *participe passif* joint, soit au verbe *être*, soit à tout autre *verbe* pris dans ses *temps simples*, est ou n'est pas précédé d'un *régime direct*, le *participe* se décline toujours ; mais quand le *participe*, joint au verbe *être*, est précédé d'un *régime indirect*, ou qu'il est formé, soit d'un *verbe* à l'*impersonnel*, soit du verbe *faire* ou *laisser* devant un *infinitif*, le *participe* ne se décline jamais.

---

(1) *Lequel*, *laquelle*, *lesquels*, *lesquelles*, remplacent bien *que* (relatif), mais ce n'est qu'en style de pratique ou de finance, comme dans, « *Laquelle somme* il *a mise* en dépôt. » --- « *Lesquels effets* il *a perdus* en voyage. » --- « *Lesquelles créances* il *a acquises* à vil prix. » En sorte qu'il y a réellement, non pas seize, mais vingt mots qui servent à distinguer le *régime* qui précède, d'avec le *régime* qui suit.

(2) Qu'on ne s'y trompe pas : les neuf premiers mots sont des *régimes* proprement dits; les autres n'en sont pas. Ces derniers font seulement partie, soit du *régime*, soit du *sujet*.

SECONDE RÈGLE. — Quand le *participe passif*, joint au verbe *avoir*, est précédé d'un *régime direct*, ou qu'il est en même temps suivi, soit d'un *adjectif*, soit d'un *infinitif* devant lequel ce *régime* peut se placer, le *participe* se décline toujours ; mais quand le *participe*, joint au verbe *avoir*, n'est précédé d'aucun *régime*, qu'il est seulement précédé d'un *régime indirect*, qu'il est formé d'un *verbe* à l'*impersonnel* ; ou qu'il est précédé d'un *régime direct* qui ne peut se placer qu'après l'*infinitif*, le *participe* ne se décline jamais.

On ne connaît d'exceptions à la dernière de ces règles, que quand le relatif *que* est applicable à l'un des exemples ci-après compris sous les n°ˢ. 51 à 58.

DÉMONSTRATION DE LA PREMIÈRE RÈGLE.

Exemples des participes qui se déclinent toujours.	*Exemples des participes qui ne se déclinent jamais.*
Participes joints purement au verbe être.	
1.	
Je ne vois rien ici dont je ne *sois* blessée (1).	
2.	
Voilà donc le triomphe où j'*étais* amenée (2).	

---

(1) *Bérénice*, act. 5, sc. 5.
(2) *Iphigénie*, act. 2, sc. 5.

Exemples des participes qui se déclinent toujours.

Exemples des participes qui ne se déclinent jamais.

—Dans ces vers de RACINE, le participe *blessée* et le participe *amenée* sont au *singulier féminin*, parce qu'au lieu du *régime*, c'est le *sujet* qui en détermine la concordance. Quel est ici le *sujet*? C'est *je*, (*pronom féminin*), puisqu'il est mis pour *Bérénice* et pour *Iphigénie*; l'une est *reine*, l'autre est *fille* de roi; donc *blessée* et *amenée* doivent être au *singulier féminin*.

Participes joints à toute espèce de verbe *pris dans ses temps simples* (1).

3.

De l'Univers entier *je meurs abandonnée.*

—Dans ce vers d'*Artémire*, tragédie de VOLTAIRE, le mot *abandonnée* se considère comme *adjectif*, et non comme *participe*, en ce que celui-ci ne peut avoir de *régime*; aussi est-ce par cette raison

─────────────────

(1) On ne se sert ici du mot *participes* que pour donner place à une règle qui paraît tenir essentiellement à la suivante; car un *adjectif verbal* ne ressemble pas plus à un *participe passif*, qu'un *participe passif* ne ressemble à un *adjectif verbal*.

EXEMPLES *des participes qui se déclinent toujours.*

qu'il s'accorde en *genre* et en *nombre* avec le *sujet*, exprimé par *je*, mis pour *Artémire*, puisque c'est elle qui parle.

4.

Sais-tu l'excès d'horreur où *je me vois livrée* (1)?

— Dans ce vers de VOLTAIRE, le mot *livrée* se considère encore comme *adjectif*, et non comme *participe*, en ce que le *régime direct* qui précède, appartient uniquement au *verbe*; aussi est-ce également par cette raison que *livrée* s'accorde en *genre* et en *nombre* avec le *sujet*, exprimé par *je*, mis pour *Mérope*.

PARTICIPES *joints au verbe* être, *et précédés d'un* régime direct.

5.

Moi-même à votre char je me suis enchaînée (2).

— Dans ce vers de RACINE, le *participe se* [...] parce qu'il est précédé d'un [...]

EXEMPLES *des participes qui ne se déclinent jamais.*

PARTICIPES *joints au verbe* être, *et précédés d'un* régime indirect.

11.

« Les Académies *se sont fait* des objections, et elles *se sont répondu* mutuellement. » — Dans cet exemple, le *régime* exprimé par *se*

(1) *Mérope*, act. 4, sc. 4.
(2) *Iphigénie*, act. 2, sc. 5.

Exemples des participes qui se déclinent toujours.

régime, exprimé par *me*, mis pour *moi*, c'est-à-dire, pour *Iphigénie*, puisque c'est elle qui parle : ce *régime* est *direct* ; donc *enchaînée* doit être au *singulier féminin* (1).

6.

Rends-lui compte du sang dont tu *t'es enivrée* (2).

— Dans cet autre vers de RACINE, le *participe* se décline, parce qu'il est précédé d'un *régime*, exprimé par *te*, mis pour *toi*, c'est-à-dire, pour *Athalie*, puisque c'est elle à qui Joad parle : ce *régime* est *direct* ; donc *enivrée* doit être au *singulier féminin*.

7.

« Lucrèce s'est tuée. » — Dans cet exemple, le *participe* se décline, parce qu'il est précédé d'un *régime*, exprimé par *se*, mis pour *elle*, c'est-à-dire, pour *Lucrèce*,

Exemples des participes qui ne se déclinent jamais.

signifie *à elles*. « Elles ont fait des objections (à qui ?) *à elles*. » — « Elles ont répondu mutuellement (à qui ?) *à elles*. » Ce *régime* est *indirect* ; donc *fait* et *répondu* ne doivent pas s'accorder avec *se*.

12.

« Lucrèce s'est *donné* la mort. » — Dans cet exemple, le *participe* ne change point de terminaison, parce qu'il est précédé d'un *régime*, exprimé par *se*, mis pour *à elle* :

---

(1) Le *participe* des *verbes à deux pronoms* a cela de particulier, que l'auxiliaire *être*, en se tournant par l'auxiliaire *avoir*, donne à ce *verbe* une signification *active* : ainsi, la construction de cette phrase, « *Je me suis enchaînée*, » revient à celle-ci, « *J'ai enchaîné* (Qui ?) *moi*. »

(2) *Athalie*, act. 5, sc. 5. — On écrit *enivrée*, et l'on prononce *en-nivrée*, parce que la particule *en*, devant une *voyelle*, a le son de deux *nn*. — Il en est de même du mot *enorgueillir*.

Exemples des participes qui se déclinent toujours.

puisque c'est elle de qui l'on parle : ce *régime* est *direct ;* donc *tuée* doit être au *singulier féminin.*

8.

« Ils *se* sont *associés*, ou Elles *se* sont *associées* avec une maison de commerce. » — Dans cet exemple, *associés* est au *pluriel masculin*, et *associées* au *pluriel féminin*, parce que chacun des *participes* est précédé d'un *régime*, exprimé par *se*, mis pour *eux* et pour *elles :* ce *régime* est *direct ;* donc *associés* doit être au *pluriel masculin*, et *associées*, au *pluriel féminin.*

9.

« Les Amazones *se* sont *rendues* célèbres, » ou, « Les Amazones *se* sont *rendues* les maîtresses du fort. » — Dans ces exemples, le *participe* se décline, parce qu'il est précédé d'un *régime*, exprimé par *se ;* mis pour *elles*, puisque c'est comme s'il y avait, « Les Amazones ont rendu (Qui ?) elles, (Quoi ?) *célèbres ;* ou, « Les Amazones ont rendu (Qui ?) *elles*, (Quoi ?) *les*

Exemples des participes qui ne se déclinent jamais.

ce *régime* est *indirect ;* donc *donné* ne doit pas se décliner.

13.

« Ils ou elles *se* sont *associé* des capitalistes. » — Dans cet exemple, le *participe* ne passe ni du *masculin* au *féminin*, ni du *singulier* au *pluriel*, parce qu'il est précédé d'un *régime*, exprimé par *se*, mis pour *à eux* ou *à elles :* ce *régime* est *indirect ;* donc *associé* ne doit pas varier dans sa terminaison.

| *Exemples des participes qui se déclinent toujours.* | *Exemples des participes qui ne se déclinent jamais.* |

maîtresses du fort. » Ce régime est *direct* ; donc *rendues* doit être au *pluriel féminin* (1).

10.

Qu'avez-vous fait ? Hélas ! je *me* suis *crue* aimée (2).

—Dans ce vers de RACINE, le *participe* est précédé d'un *régime direct*, exprimé par *me*, et suivi d'un *adjectif*, qui prend le *genre* et le *nombre* du *pronom* : *me*, pour *moi*, est au *singulier féminin*, puisque c'est *Bérénice*, c'est-à-dire, une reine qui parle. Tout *régime* qui précède est *substantif*; donc le *participe* et l'*adjectif* doivent être au même *genre* et au même *nombre*.

Participes joints au verbe être, et formés d'un verbe à l'impersonnel.

14.

« On a représenté ou imprimé, depuis la mort de RACINE, environ un millier de tragédies; combien en est-il resté au théâtre (3) ? —

______

(1) L'adjectif *célèbres* et le substantif *maîtresses* forment le *complément* du *régime* et du *participe*; ce *complément*, comme l'on voit, ne change rien à la règle.

(2) *Bérénice*, act. 4, sc. 5.

(3) LAHARPE, *Cours de littérature*, tome IV, partie 2, page 154.

Dans

Exemples des participes qui se déclinent toujours.

Exemples des participes qui ne se déclinent jamais.

Dans cet exemple, le *participe* ne se décline point, parce que le pronom *en*, qui sert là de *régime direct* (1), cesse d'influer sur *resté*, à cause de la nature même du *participe*, qui est formé, non-seulement d'un *verbe neutre*, mais d'un *verbe* pris *impersonnellement*. — « Combien est-il *resté* (Quoi?) *de tragédies* au théâtre? »

15.

« Vous parlez de cette espiéglerie; il *s'en* est *fait* plus de mille qui valent bien celle-là. » — Dans cet exemple, le pronom *en* cesse encore d'influer sur le *participe*, parce que *fait* est formé, ainsi que *resté*, d'un *verbe* pris *impersonnellement*. « Il *s'est fait* (Quoi?) plus de *mille espiégleries* qui valent bien celle-là. »

Participes joints au verbe être, *et précédés du* se (*particule*).

16.

« Les choses *se* sont bien passées. »

---

(1) *Voyez* la note correspondante au n°. 39 (première colonne), où il est parlé du pronom *en*.

D

Exemples des participes qui se déclinent toujours.	*Exemples des participes qui ne se déclinent jamais.*

« Elles *se* sont *plues* à la campagne (1). »

« Elle *s'*est *tue* (2). »

« Elles *se* sont *moquées* les unes des autres. »

« Mes sœurs *se* sont *ries* de ses menaces (3). »

« Elles *s'*en sont *plaintes* à moi. »

« Ils *s'*en sont *allés*. »

— Dans chacun de ces exemples, le *participe* se décline, parce qu'il s'accorde en *genre* et en *nombre* avec le *sujet*; car *se* ne peut servir là de *régime*, en ce qu'il n'a par lui-même aucune signification; c'est pourquoi on le met au rang des *particules*.

---

(1) Il est si vrai que *plu*, au *singulier masculin*, s'écrit *plue*, au *singulier féminin*; *plus*, au *pluriel masculin*, et *plues*, au *pluriel féminin*, qu'on lit dans la *Dissertation* de VOLTAIRE sur *Sémiramis*, « Il semble que la nature *se soit plue* à rassembler sur la tête de SHAKESPEAR, etc.; » et dans le *Discours* de M. DE BOUFFLERS *sur la vertu*, « Beaucoup de philosophes et malheureusement la plupart des modernes *se sont plus* à représenter, etc. »

(2) LAFONTAINE a dit, (*liv.* 10, *fabl.* 13),

> Si tant de mères *se sont tues*,
> Que ne vous taisez-vous aussi?

(3) Le participe *ri* est de nature à changer de terminaison comme *plues*, *tue*, *allés* : il n'y a donc pas de raison pour l'exclure du rang des *participes* qui se déclinent. — Ne dit-on pas (au *subjonctif*), « Que je *rie*, que tu *ries*, qu'il *rie*? »

Exemples des participes qui se déclinent toujours.

Exemples des participes qui ne se déclinent jamais.

17.

Mes ans *se sont accrus*. . . . . (1).

— Dans cet hémistiche, emprunté de RACINE, le *participe* est au *pluriel masculin*, parce qu'en tournant la phrase par le *passif*, c'est comme s'il y avait : « Mes ans *ont été accrus*. » Il en est de même, quand on dit : « Cette découverte est l'une des plus belles qui *se* soient *faites* de nos jours. , » pour, « qui *aient été faites* de nos jours. » Ou, « C'est une des femmes les plus accomplies qui *se* soient encore *vûes*, » pour, « qui *aient* encore *été vûes*. » Telle est la nature des *verbes* pris *passivement* (2), qu'en s'alliant à la particule *se*, ils rendent le *sujet* susceptible de recevoir l'action qu'ils semblent exprimer.

Participes joints au verbe être, *et suivis d'un* infinitif.

18.

« *Elle* m'est *venue* voir, »

---

(1) *Mithridate*, act. 3, sc. 5.

(2) L'ACADÉMIE, dans son *Dictionnaire*, ne parle que des *verbes neutres passifs* ; mais la dénomination de *verbes* pris *passivement* dit tout en moins de mots ; c'est pourquoi on l'a préférée.

Exemples des participes qui se déclinent toujours.

pour : « *Elle* est *venue* me voir. » — Dans cet exemple, *venue* s'accorde en *genre* et en *nombre* avec le *sujet*, exprimé par *elle* ; pourquoi ? Parce que le *régime direct* qui précède, appartient, non pas au *participe*, mais à l'*infinitif*. C'est comme s'il y avait : « *Elle* est *venue* voir *moi*. »

Exemples des participes qui ne se déclinent jamais.

Participe fait *ou* laissé, *joint au verbe* être, *et suivi d'un* infinitif.

19.

« *Elle s'est laissé* mourir, » pour : « Elle a *laissé mourir* (Qui ?) *elle.* » — Dans cet exemple, on écrit : « Elle *s'est laissé* mourir, » comme on écrit : « Elle *s'est fait* mourir ; » pourquoi ? Parce que dans l'une et l'autre façon de parler, il s'agit d'un cas particulier, où le *participe* donne à l'infinitif un *sens actif* ; ce qui rend les deux mots pour ainsi dire *inséparables.*

En général, la Grammaire ne souffre beaucoup de difficultés, que parce qu'on ne sait pas toujours s'arrêter à propos. DUCLOS, dont le

EXEMPLES des participes qui se déclinent toujours.	*EXEMPLES des participes qui ne se déclinent jamais.*
	mérite est au-dessus de tout éloge, est tombé lui-même dans ce ridicule scientifique, s'il est permis de s'exprimer ainsi, quand il a établi en principe, qu'on doit écrire : « Elle *s'est laissée* mourir, » et, « elle *s'est laissé* séduire, » afin de distinguer les cas où le *verbe* est *transitif* ou *intransitif*, c'est-à-dire, *actif* ou *neutre*. RACINE, en se servant de *laissé* devant un *infinitif*, n'aurait sûrement pas plus admis cette distinction en prose qu'en vers ; et cependant RACINE en savait bien autant que DUCLOS (1).

(1) *Voyez* ci-après l'exemple qui termine l'article des *participes passifs*, n°. 87. --- Autre exemple, tiré de J. J. ROUSSEAU, (*Nouvelle Héloïse, liv. V, lett.* 4), « Milord Marlboroug, voyant la bonne mine et l'air guerrier d'un soldat pris à Blenheim, lui dit : « S'il y eût eu cinquante mille hommes comme vous à l'armée française, elle *ne se fût pas* ainsi *laissé battre*. --- Eh ! morbleu, répartit le grenadier, nous avions assez d'hommes comme moi ; il ne nous en manquait qu'un comme vous. »

DÉMONSTRATION DE LA SECONDE RÈGLE.

EXEMPLES *des participes qui se déclinent toujours.*

EXEMPLES *des participes qui ne se déclinent jamais.*

PARTICIPES *joints au verbe* avoir, *et qui ne sont précédés d'aucun* régime.

20.

Où la guêpe *a passé*, le moucheron demeure (1).

21.

Par-tout en même temps la trompette *a sonné* (2).

22.

Ma blessure trop vive aussitôt *a saigné*. (3).

23.

Pour son fils seulement Mérope *avait vécu* (4).

— Dans chacun de ces exemples ; le *participe* ne se décline point, par la raison qu'il est formé d'un *verbe neutre*, qui n'a ni *régime di-*

***

(1) LAFONTAINE, *liv. 2, fabl.* 16.
(2) RACINE, *Athalie, act.* 5, *sc.* 6.
(3) *Le même, Phèdre, act.* 1 *, sc.* 3.
(4) VOLTAIRE, *Mérope, act.* 3, *sc.* 2.

EXEMPLES des participes qui se déclinent toujours.

EXEMPLES des participes qui ne se déclinent jamais.

rect, ni *régime indirect* : dans ce cas, il n'y a jamais à hésiter.

PARTICIPES joints au verbe avoir, *et précédés d'un régime direct.*

PARTICIPES joints au verbe avoir, *et précédés d'un régime indirect.*

24.

Malheureuse ! voilà comme tu *m'as perdue* :
Au jour que je fuyais, c'est toi qui *m'as rendue* (1).

—Dans ces vers de RACINE, chacun des *participes* se décline, parce qu'il est précédé d'un *régime* exprimé par *me*, mis pour *moi*, c'est-à-dire, pour *Phèdre*, puisque c'est elle qui parle : « Tu as perdu (Qui ?) *moi*. » — « Tu as rendu (Qui ?) *moi*, au jour que je fuyais. » Le *régime* est *direct* ; donc *perdue* et *rendue* doivent être au *singulier féminin*.

34.

« Elles ne *m'ont* rien *appris*, » pour « Elles n'ont rien appris (A qui ?) à *moi*. » — Dans cet exemple, le mot *appris* est bien précédé de deux *régimes*, l'un *direct*, exprimé par *rien* ; et l'autre *indirect*, exprimé par *me*, mis pour *à moi* : mais le substantif *rien* ne peut influer sur le *participe* ; pourquoi ? Parce qu'un *nom substantif* qui précède, n'est regardé comme *régime direct*, devant un *participe*, que dans les façons de parler où se trouvent, soit le relatif *que*, soit l'un des adverbes *que de*, *combien de* ; soit enfin l'un des *adjectifs* (*quel*, *quelle*, *quels*, *quelles*). Ainsi, il ne reste plus ici qu'un *régime indirect* ; donc *appris* ne doit pas changer de terminaison.

_____

(1) *Phèdre*, act. 4, sc. 6.

Exemples des participes qui se déclinent toujours.

Exemples des participes qui ne se déclinent jamais.

25.

D'une paix mal conçue on m'a *faite*
le *gage* (1).

— Dans ce vers de P. Cor-
neille, le *participe* se décline, parce qu'il est précédé
d'un *régime direct*, exprimé par
me, mis pour *moi*, c'est-à-
dire, pour *Rodogune*, puisque
c'est elle qui parle. — « On
a fait (Qui ?) *moi*, (Quoi ?)
le gage. » Cette façon de parler, « On a fait *moi le gage*, »
prouve qu'il y a des *participes*
qui peuvent avoir deux ré-
gimes directs, l'un qui suit,
et l'autre qui précède. Celui-
ci étant le seul qui détermine
la concordance, il est clair
que Crébillon n'a pu faire
dire à *Électre*, (act. 1, sc. 6) :

Moi, l'esclave d'Égysthe ? Ah fille
infortunée !
Qui m'a *fait* son esclave, et de qui
suis-je née ?

Il fallait : « Qui m'a *faite*
son esclave ? » pour, « Qui
a fait *moi son esclave* ? » Voilà
du moins ce que dicte la
Grammaire ; mais la poésie a

(1) *Rodogune*, act. 3, sc. 3.

| *Exemples des participes qui se déclinent toujours.* | *Exemples des participes qui ne se déclinent jamais.* |

ses priviléges. D'ailleurs ,
« Qui *m'a faite son*..... » eût
été dur à l'oreille.

26.

Ce Dieu que tu bravais, en nos
mains *t'a livrée* (1).

—Dans ce vers de RACINE,
le *participe* se décline , parce
qu'il est précédé d'un *régime*
exprimé par *te* , mis pour *toi* ,
c'est-à-dire , pour *Athalie* ,
puisque c'est elle à qui Joad
parle. — « Ce Dieu que tu
bravais *a livré* en nos mains
(Qui?) *toi*. » Ce *régime* est
direct ; donc *livrée* doit être
au *singulier féminin*.

27.

Pauvre Didon , où *t'a réduite*
De deux maris le triste sort ?
L'un, en mourant, cause ta fuite ;
L'autre, en fuyant, cause ta mort.

— Dans cette jolie épi-
gramme , traduite du latin
d'AUSONNE (2) , par CHAR-
PENTIER (3) , le *sujet* se

---

(1) *Athalie , act.* 5 *, sc.* 5.

(2) ..... *Infelix Dido, nulli bene nupta marito :*
  Hoc pereunte , fugis ; hoc fugiente , peris.

(3) François CHARPENTIER , *né à Paris en* 1620, *mort en* 1702 ,
académicien.

E

EXEMPLES des participes qui se déclinent toujours.

EXEMPLES des participes qui ne se déclinent jamais.

trouve après le *régime* et le *participe ;* ce qui forme une inversion. Du tems de VAU- GELAS , les Grammairiens pensaient assez généralement que , dans ces sortes de cons- tructions , il suffisait que l'or- dre analytique fût renversé , pour que le *participe* ne se déclinât point ; en consé- quence , ils écrivaient : « Les *belles actions qu*'ont *fait* nos pères ! » Aujourd'hui , ils écriraient : « Les *belles ac- tions qu*'ont *faites* nos pères !» Pourquoi ? Parce que la con- cordance du *régime* et du *par- ticipe* est fondée sur celle du *substantif* et de l'*adjectif* , dans tous les cas où le *parti- cipe* se décline. Ce principe , RACINE l'a consacré , quand il a dit dans *Britannicus* , (*act.* 5 , *sc.* 1) :

Ces *yeux que* n'ont *émus* ni soupirs
ni terreur.

BOILEAU l'a consacré lui- même , quand il a dit dans sa septième réflexion sur LON- GIN : « La *langue qu*'ont *écrite* CICÉRON et VIRGILE. » — La seule inversion que le gé-

EXEMPLES des participes qui se déclinent toujours.

EXEMPLES des participes qui ne se déclinent jamais.

nie ait peut-être inventée contre les règles, c'est celle que s'est permise P. COR-NEILLE, dans *les Horaces*, (act. 3, sc. 6) :

Il est de tout son sang comptable
à la patrie ;
Chaque goute épargnée *a* sa gloire
flétrie.

« La sévérité de la Grammaire, observe très-bien Voltaire, ne permet point ce *flétrie* ; il faut, dans la rigueur, « *a flétri* sa gloire ; » mais, « *a* sa gloire *flétrie* » est plus beau, plus poétique, plus éloigné du langage ordinaire, sans causer d'obscurité. En prose, néanmoins, une pareille inversion ne serait point permise.

28.

Sort, qui *nous a rejoints* et qui nous
désunis,
Sort, ne *nous* as-tu *faits* que pour
être ennemis ?

— Dans ces vers emprun-tés de VOLTAIRE (1), cha-cun des *participes* est au *plu-riel masculin*, parce que le

35.

« On *nous a répondu* affir-mativement, » pour, « On a répondu affirmativement (à qui ?) à *nous*. » — Dans cet exemple, le *participe* n'est précédé que d'un *régime in-direct* ; donc *répondu* ne doit pas s'accorder avec *nous*.

______

(1) *Brutus*, act. 3, sc. 7.

E 2

Exemples des participes qui se déclinent toujours.

régime qui précède, est au même *genre* et au même *nombre*. Ce *régime* est *direct* ; donc *rejoints* et *faits* doivent s'accorder avec *nous*.

29.

Oui, Madame, il est vrai que je vous ai *trompée*.

— Dans ce vers de RA-CINE (1), le *participe* est au *singulier féminin*, parce que le *régime* qui précède et qui est exprimé par *vous*, pour *Roxane*, est au même *genre* et au même *nombre*. Ce *régime* est *direct* ; donc *trompée* doit s'accorder avec *vous*.

30.

De combien d'assassins *l'avais-je enveloppé* (2) ?

— Dans cet autre vers de RACINE, le *participe* se décline, parce qu'il est précédé d'un *régime* exprimé par *le*, mis pour *lui* : « De combien d'assassins avais-je *enveloppé* (Qui ?) *lui* ? Ce *régime* est *direct* ; donc *enveloppé* doit être au *singulier masculin*.

Exemples des participes qui ne se déclinent jamais.

36.

« Que *vous* a-t-on *fait* ? » pour, « Qu'a-t-on fait (à qui ?) à *vous*. » — Dans cet exemple, le *participe* n'est encore précédé que d'un *régime indirect* ; donc *fait* ne doit pas s'accorder avec *vous*, (*pronom singulier* ou *pluriel*).

37.

VOLTAIRE a dit, dans sa trente - quatrième remarque sur le second acte *des Horaees* : « J'ai cherché, dans tous les anciens et dans tous les modernes, une situation pareille et un pareil mélange de grandeur d'ame, de douleur, de bienséance, et je ne *l'ai* point *trouvé*. » — Dans cet exemple, il y a deux *parti-*

---

(1) *Bajazet*, act. 5, sc. 6.
(2) *Mithridate*, act. 5, sc. 1.

EXEMPLES des participes qui se déclinent toujours.

EXEMPLES des participes qui ne se déclinent jamais.

cipes, mais ni l'un ni l'autre ne se décline, 1°. parce que *cherché* n'est précédé d'aucun *régime*; 2°. et parce que *trouvé* n'est pas précédé d'un *régime direct* proprement dit, en ce que *le*, mis pour *cela*, est *neutre*. — « Et je n'ai point trouvé (Quoi?) *cela*. »

31.

Pour obtenir un bien si grand, si précieux,
J'ai fait la guerre aux rois; je *l'*eusse *faite* aux dieux.

— Dans ces vers d'*Alcyonée* (1), le mot *faite* est au *singulier féminin*, parce qu'il se rapporte au mot *la* qui précède, et qui est mis pour *la guerre* : c'est comme s'il y avait : « J'ai fait la guerre aux rois, j'eusse fait (Quoi?) *la guerre* aux dieux. » Ce *régime* est *direct*; donc le *participe* doit se décliner.

32.

« Elle est si méchante, que je *l'*ai *fuie*, » pour, « que j'ai fui (Qui?) *elle*. » — Par une de ces singularités qui tien-

______
(1) *Tragédie de Durier.*

EXEMPLES des participes qui se déclinent toujours.

EXEMPLES des participes qui ne se déclinent jamais.

nent à l'esprit humain, plusieurs bons auteurs ont rangé *fui* au nombre des *participes* qui ne se déclinent point, comme si un *participe* pouvait être *indéclinable*, quand rien ne s'oppose à ce qu'il s'accorde en *genre* et en *nombre* avec le *régime* auquel il se rapporte ; mais *fui*, au *masculin*, se prononce comme *fuie*, au *féminin* ; il n'y a donc pas de raison pour admettre l'un de préférence à l'autre. D'ailleurs, ce que la délicatesse de la langue interdit, en certains cas, ne détruit point la règle ; car, si l'on ne dit pas : « La *mort que* j'ai *crainte*, » ou, « Les *misères qu*'ont *souffertes* nos pères, » à cause de la dureté des sons, au moins dit-on : « La *mort que* j'ai *appréhendée*, » et, « Les *misères que* nos pères ont *souffertes*. » L'euphonie est un secret des langues, et l'on doit le respecter. Il suit de là qu'il faut dire et écrire, en parlant d'une femme : « Je l'ai *fuie*, » avec la marque du *féminin*, comme on dit et l'on écrit : « Ils *se* sont en-

Exemples des participes qui se déclinent toujours.

Exemples des participes qui ne se déclinent jamais.

fuis, » ou , « Elles *se* sont *enfuies*, » avec la marque du *pluriel*. Ces principes sont ceux de RACINE , de VOL-TAIRE et de L'ACADÉMIE : quelles autorités pourrait-on y opposer ?

33.

Hé quoi ! tous les malheurs aux humains réservés ,
Faut-il, si jeune encor , *les* avoir *éprouvés* (1) ?

— Dans ces vers de VOL-TAIRE , le *participe* se dé-cline , parce qu'il est pré-cédé d'un *régime* , exprimé par *les* , mis pour *eux* , c'est-à-dire , pour *les malheurs*. — « Faut-il avoir éprouvé (Quoi ?) *eux ?* » Ce *régime* est *direct ;* donc *éprouvés* doit être au *pluriel masculin*.

Participes joints au verbe avoir , et précédés du pronom en , considéré comme régime direct.

38.

« La plupart des gens , dit FONTENELLE , croient que tout ce qui n'est pas sensible

Participes joints au verbe avoir , et précédés du pronom en , considéré comme régime indirect.

41.

« HÉSIODE a écrit sur l'agriculture ; DÉMOCRITE , XÉNOPHON , ARISTOTE ,

---

(1) *Mérope , act.* 5, *sc.* 1.

EXEMPLES des participes qui se déclinent toujours.

et palpable, est chimérique et purement imaginaire ; j'en ai beaucoup *vus*, *poussés* à bout, sur cette matière, par des preuves de métaphysique, mais nullement *persuadés*, parce qu'ils avaient dans la tête, qu'on les trompait par quelque subtilité cachée. » — Dans cet exemple, le *participe* est au *pluriel masculin*, parce qu'il est précédé du pronom *en*, mis pour *des gens*. C'est du moins comme s'il y avait : « J'ai vu (Qui ?) *des gens en grand nombre.....* » Ce *régime* est *direct*, puisqu'il répond à la question *qui ?* Il est d'ailleurs suivi de deux *adjectifs* qui s'y rapportent : *poussés* et *persuadés* sont au même *genre* et au même *nombre* que le pronom *en* ; donc *vus* doit se décliner.

39.

« Elle a répondu *plus de choses piquantes* qu'ils ne lui en ont *dites*. » — Dans cet exemple, *répondu* ne se décline

EXEMPLES des participes qui ne se déclinent jamais.

THÉOPHRASTE, *en* ont *traité* en prose (1). » — Dans cet exemple, le second *participe* ne se décline point ; pourquoi ? Parce que le pronom *en* qui précède, ne tient la place que d'un *régime indirect* ; donc *traité* ne doit point changer de terminaison. — C'est comme s'il y avait, « ont *traité* (de quoi ?) *de l'agriculture.* »

42.

« Il se plaisait avec les maîtresses de ses amis, mais je ne lui *en* ai jamais *vu* aucune (2). » — Dans cet exem-

---

(1) M. l'abbé DE LILLE, *Discours préliminaire sur la traduction des Géorgiques de Virgile.*

(2) J. J. ROUSSEAU, *Confessions*, *liv.* 7.

point

EXEMPLES des participes qui se déclinent toujours.

EXEMPLES des participes qui ne se déclinent jamais.

point, parce qu'il est suivi, et non pas précédé de son *régime direct* ; mais *dites* se décline, parce qu'il en est précédé et non pas suivi : *en* doit donc achever de convaincre que *dit*, pour *dites*, serait un *solécisme* (1).

ple, *vu* ne se décline point, parce que le pronom *en*, mis pour *maîtresse*, ne peut se considérer comme *régime* qui précède, puisqu'étant lié à *aucune*, il sert purement à completter le sens : ce *régime* suit, comme l'on voit, le *par-*

(1) Quoique l'opinion que l'on vient d'énoncer sur le pronom *en* soit absolument opposée à celle que BOILEAU a manifestée en ne déclinant pas le *participe* dans ce passage, « Ils diront de Louis-le-Grand, à meilleur titre qu'on ne l'a dit d'un grand capitaine de l'antiquité, qu'il a fait lui seul plus d'*exploits* que les autres n'*en* ont *lu* ; » quoique D'OLIVET et DUCLOS se soient déclarés du même avis que BOILEAU, quand ils ont dit, sans aucun fondement, que la particule *en* suppose toujours, dans son corrélatif, la préposition *de*, il n'en est pas moins vrai que D'ABLANCOURT, en traduisant le passage latin auquel BOILEAU fait allusion, a eu raison de dire, « Il a plus achevé de guerres, que les autres n'*en* ont *lues*. » Pourquoi le *participe* doit-il se décliner dans ces exemples ? Parce qu'au lieu de dire, « Elle s'est accusée de plus de fautes qu'elle n'*en* a *fait*; » la syntaxe veut qu'on dise, « Qu'elle n'*en* a *faites*. » Ce qui a pu donner lieu à l'erreur dont il s'agit, c'est que les Grammairiens n'ont vu, dans la particule *de*, qu'un *régime indirect*, lors même qu'ils devaient y voir un *régime direct*. La preuve au surplus que le pronom *en* ne suppose pas toujours la préposition *de*, c'est que rien n'empêche de dire, avec PIRON, dans *la Métromanie*, (act. 4, sc. 9),

Une pièce tombée ; il *en* renaît *mille autres*.

« Il renaît (Quoi ?) *mille autres pièces*. » Il faut donc imiter D'ALEMBERT, qui a dit dans sa *Lettre à* J. J. ROUSSEAU *sur les spectacles*, « Vous décriez nos pièces de théâtre avec l'avantage, non-seulement d'*en* avoir *vues* ; mais d'*en* avoir *faites*. » — D'avoir vu (quoi ?), d'avoir fait (quoi ?) *des pièces de théâtre*. » Ce *quoi* est ce qu'on appelle un argument sans réplique.

F

Exemples des participes qui se déclinent toujours.

Exemples des participes qui ne se déclinent jamais.

ticipe ; donc *vu* ne doit pas se décliner. — « Mais je n'ai jamais *vu* (à qui ?) *à lui*, (quoi ?) *aucune maîtresse*. » Ainsi, il est de principe que le *régime* qui précède, n'est réputé tel qu'autant qu'il ne fait point partie du *régime* qui suit.

40.

« L'usage des cloches est, chez les Chinois, de la plus haute antiquité : nous n'*en* avons *eues*, en France, qu'au sixième siècle de notre ère (1). » — Dans cet exemple, le *participe* se décline, parce qu'il est précédé de son *régime*, exprimé par le pronom *en* : ce *régime* est di-rect ; « Nous n'avons eu (Quoi ?) *des cloches* qu'au sixième siècle. » Donc le partitipe *eues* doit être au même *genre* et au même *nom-bre* que le substantif *cloches*.

43.

« Il y a beaucoup plus de médailles frappées à la gloire des princes qui ont réparé les édifices publics, qu'à l'hon-neur de ceux qui *en* ont *fondé* de nouveaux (2), » pour, « qui ont fondé (Quoi ?) *de nouveaux édifices*. » — Cet exemple confirme le principe qu'on vient d'établir. C'est ainsi qu'on dit encore : « De deux filles qu'elle avait, elle *en* a *fait une religieuse*. « Elle a fait (Qui ?) *une d'elles*, (Quoi ?) *religieuse*. »

---

(1) Voltaire, *Essai sur les Mœurs*, tome II, chap. 1.

(2) Rollin, *Traité des Études*.

EXEMPLES des participes qui se déclinent toujours.

PARTICIPES joints au verbe avoir, et précédés du que *(relatif) considéré comme faisant partie du régime.*

45.

Que l'amour propre abonde en
mauvaises défaites,
Quand il faut réparer *les fautes*
qu'on a faites !

— Dans cet exemple, tiré d'une comédie de LA CHAUSSÉE, le substantif *fautes* est le seul *régime* qui précède le participe *faites :* ce *régime* est direct *; que* en fait seulement

EXEMPLES des participes qui ne se déclinent jamais.

PARTICIPES joints au verbe avoir, et formés d'un verbe à l'impersonnel.

44.

« Il a été accordé quelques graces nominativement, mais il n'y *en* a pas *eu* de généralement *données.* » — Dans cet exemple, *eu,* quoique précédé d'un *régime direct,* exprimé par le pronom *en,* ne se décline point, parce que le participe est formé d'un *verbe* pris *impersonnellement.* « Mais *il n'y a pas eu* (Quoi?) *de graces* généralement *données.* »

PARTICIPES joints au verbe avoir, et précédés du que *(relatif) considéré comme ne faisant point partie du régime.*

51.

« La belle *journée qu'il a fait* hier ! » — Dans cet exemple, le relatif *que* n'influe pas sur le *participe,* parce qu'il est encore formé d'un *verbe* pris *impersonnellement.* — « Personne, dit D'OLIVET, n'a songé à dire : *Les chaleurs qu'il a faites* pendant l'été : *Les grandes pluies qu'il a faites*

Exemples des participes qui se déclinent toujours.

Exemples des participes qui ne se déclinent jamais.

partie ; pourquoi ? Parce qu'il n'y a qu'un *nom* ou un *pronom substantif* qui puisse servir de *régime* proprement dit ; donc *faites* doit être au *pluriel féminin.* — Quelle est ici la construction grammaticale ? La voici : « Les fautes *qui ont été faites.* » *Qui* étant là pour *que*, c'est-à-dire, pour *lesquelles*, ne remplit, comme l'on voit, que la fonction d'*adjectif.*

en automne : *La disette qu'il y a eue* pendant l'hiver dernier. » On ne *fait* pas une *disette* ; on en éprouve *une*, &c. Cette exception à la règle est suivie de sept autres, qui sont également fondées en raison.

46.

« Les blessés pensent à *la perte qu'ils* ont *faite*, et non pas *aux blessures* qu'ils ont *reçues.* » — Dans cet exemple, tiré de FLECHIER (1), quels sont les *régimes* des *participes ?* — Est-ce le relatif *que*, ou le substantif *perte* et le substantif *blessures ?* Ce sont ces deux *noms* qui déterminent la concordance ; *que* ne sert ici qu'à l'indiquer : celui-ci est l'effet : ceux-là sont la cause. « La perte *qui a été faite*, les blessures *qui ont été reçues*, (par qui ?) *par les blessés.* »

52.

« Ils ont terminé toutes *les affaires que* vous avez *prévu* qu'ils auraient. » — Dans cet exemple, le *régime* qui précède, n'influe en rien sur le *participe* ; pourquoi ? Parce que le substantif *affaires*, au lieu d'être régi par « *vous avez prévu*, » l'est par « *qu'ils auraient.* » C'est comme s'il y avait : « Vous avez prévu qu'*ils auraient des affaires* ; mais toutes sont terminées. »

(1) *Oraison funèbre de Turenne.*

EXEMPLES des participes qui se déclinent toujours.	*EXEMPLES des participes qui ne se déclinent jamais.*

47.

« *La peine que* j'en ai *res-sentie,* » pour, « La peine *qui a été ressentie* par moi (de quoi ?) *de cela.* » — Dans cet exemple, le *parti-cipe* se décline, non - seule-ment parce qu'il provient d'un *verbe actif,* mais parce qu'il peut se tourner par le *passif :* quoi qu'il en soit, il y a des *participes* qui pro-viennent de *verbes actifs* ou de *verbes* pris *activement,* qu'on ne peut tourner par le *passif,* et qui ne s'en décli-nent pas moins ; tels sont *avoir, coûter, &c.* En sorte qu'il faut écrire avec VOL-TAIRE (1) : « Un dieu ven-geur inspire à Sémiramis *des remords* qu'elle n'eût point *eus* dans ses prospérités, si les cris de Ninus même ne fussent venus l'épouvanter au milieu de sa gloire. » Et, avec J. J. ROUSSEAU (2) : « Voyez quelle est notre si-tuation présente ; en est-il au

53.

« En songeant que je n'a-vais qu'une haie et quelques buissons à franchir pour voir celle *que j'avais cru ne revoir jamais,* j'abjurai pour tou-jours mes craintes, mon ef-froi, mes chimères. » — Dans cet exemple, emprunté de J. J. ROUSSEAU (3), le *participe* régit, non pas le *substantif,* mais l'*infinitif ;* donc *cru* ne se décline point. C'est comme s'il y avait : « J'avais cru ne *revoir* jamais *celle* dont je n'étais séparé que par une haie et quelques buis-sons ; en y songeant, j'ab-jurai, etc. »

---

(1) Dans sa *Préface de Sémiramis.*
(2) Dans *la Nouvelle Héloïse,* partie 6, lettre 9.
(3) *Idem,* part. 5, lett. 9.

EXEMPLES des participes qui se déclinent toujours.

EXEMPLES des participes qui ne se déclinent jamais.

monde une plus agréable, et ne goûtons-nous pas, mille fois le jour, le prix *des combats* qu'elle nous a *coûtés* ? — « *Eus* (Quoi ?) *des remords* ; *coûtés* (Quoi ?) *des combats*. » RACINE a fait dire lui-même à *Junie*, dans *Britannicus* (1) :

Après tous *les ennuis que* ce jour m'a *coûtés*,
Ai-je pu rassurer mes esprits agités (2) ?

48.

« Je n'ai jamais éprouvé de *chagrins*, qu'une heure de lecture n'ait *dissipés* (3), » pour, « *qui n'aient été dissipés* par une heure de lecture. » — Dans cet exemple, le *participe* se décline, parce que c'est une règle générale, que tout *verbe actif* qui peut se tourner par le *passif*, a un *participe* qui s'accorde en *genre*

54.

« *La lettre* et *les vers français que* vous m'avez *fait* l'honneur de m'écrire. » — Dans cet exemple, tiré de BOILEAU, le *participe* ne change point de terminaison, parce qu'étant placé entre deux *régimes directs* qui ne peuvent se transposer, il ne doit pas se décliner.

---

(1) Act. 5, sc. 3.

(2) En vain croirait-on pouvoir attaquer un principe aussi vrai, sous prétexte que ce sont là des fautes ou des licences. Quand il n'y aurait, en fait de règles, que la nécessité de réduire, autant qu'il est possible, le nombre des exceptions, ce motif sans doute serait d'un grand poids aux yeux des hommes qui n'aspirent qu'à la perfection.

(3) MONTESQUIEU.

EXEMPLES des participes qui se déclinent toujours.

et en *nombre* avec le *régime direct* qui précède ; mais , encore une fois , ce n'est pas une raison pour croire qu'il n'y a que cette sorte de *participe* qui soit susceptible de *genre* et de *nombre*. Ce qui nécessite surtout la concordance, c'est l'action qu'exerce le *participe* sur le *régime*. Peu importe de quel *verbe* ce *participe* est formé ; s'il est précédé de son *régime direct*, et si rien ne s'oppose à ce qu'il s'accorde avec ce *régime*, on décline ; hors de là, on ne décline point. Telle est , en substance , toute la théorie du *participe passif.*

49.

« *La première* des Nymphes que j'ai *apperçue*, » pour, « *La première Nymphe qui a été apperçue* par moi parmi d'autres Nymphes.» — Dans cet exemple , tiré de FÉNÉLON , le

EXEMPLES des participes qui ne se déclinent jamais.

55.

« *De la façon que* j'ai *dit* cela. »

« *De la manière que* je lui ai *parlé.* »

« *Les années qu'*on a *vécu* (1). »

---

(1) On lit dans la dixième lettre, première partie de *la Nouvelle Héloïse*, « Si l'on peut vivre mille ans en un quart d'heure, à quoi bon compter tristement les *jours qu'*on aura *vécus* ? » Il fallait, « *Qu'*on aura *vécu*; » pourquoi ? Parce que c'est comme s'il y avait, « Les jours *pendant lesquels* on aura *vécu*. » --- Dans, « *Vivre mille ans*, » il n'y a point de *régime*, parce que *vivre* est *neutre*; ainsi, on dit, « *Vivre mille ans*, » pour dire, « *Vivre* pendant *mille ans*. »

EXEMPLES *des participes qui se déclinent toujours.*

participe est au *singulier féminin*, parce que la construction de la phrase exclut toute idée de pluralité Qui est-ce qui a été apperçue? *Une Nymphe* parmi d'autres Nymphes ; donc *apperçue* doit être au même *genre* et au même *nombre* que le substantif *Nymphe*, qui est sous-entendu, puisque c'est comme s'il y avait, « La première Nymphe des Nymphes, *laquelle* a été apperçue par moi. »

55.

« Le peu d'*exactitude* qu'il a *mise* dans ses envois, » pour « Le peu d'exactitude *qui a été mise* par lui dans ses envois. » — Dans cet exemple, le *participe* se décline, parce qu'il se rapporte au *régime direct* qui précède. Quel est ce *régime* ? C'est le substantif *exactitude* ; le relatif *que*, mis pour *laquelle*, en est une preuve d'autant plus convaincante, que personne sans doute ne s'aviserait de dire, « Le peu d'*exactitude lequel* il a *mis*, » pour, « *laquelle* il a *mise* dans ses envois. » La

EXEMPLES *des participes qui ne se déclinent jamais.*

« *Les heures* qu'on a *dormi.* » — Dans chacun de ces exemples, le *participe* ne change point de terminaison, parce qu'il n'est précédé d'aucun *régime.* — *Que*, après *de la façon*, *de la manière*, signifie *avec laquelle* ; et *que*, après *les années*, *les heures*, signifie *pendant lesquelles* : ce sont là des façons de parler adverbiales ; donc *que* ne fait pas partie du *régime.*

56.

« Ils lui ont opposé toutes les *raisons* qu'ils ont pu. » — Dans cet exemple, le *participe* ne se décline point, parce que l'infinitif *opposer* est sous-entendu. C'est comme s'il y avait, « Ils ont opposé toutes *les raisons qu'ils ont pu opposer* (A qui ?) *à lui* ou *à elle.*

57.

« *La maison* qu'ils ont *commencé* à bâtir. » — Dans cet exemple, le *régime* se rapporte, non pas au *participe*, mais à l'*infinitif*, puisque c'est comme s'il y avait, « Ils ont

saine

EXEMPLES des participes qui se déclinent toujours.

saine logique veut donc que l'on dise et que l'on écrive, « Le peu de *bienveillance* qu'il a *mise* dans ce procédé , lui doit *être compté* pour quelque chose. » — Pourquoi *compté* (au *masculin*), et non pas *comptée* (au *féminin*), quand il s'agit uniquement de *bienveillance ?* C'eſt que l'idée de *peu* ne se rapporte qu'à *compté;* en sorte que c'eſt ce *peu* qui doit lui *être compté* pour quelque chose. — DUMARSAIS a dit lui-même , dans ses *Principes de grammaire* (tome I, pag. 412) : « Il regarde votre malheur comme une punition du peu de *complaisance que* vous avez *eue* pour lui. » Assurément ce témoignage n'est pas suspect.

PARTICIPES joints au verbe avoir, *et précédés d'un* nom substantif, *considéré comme* régime direct.

59.

O mon fils , *que de pleurs* ton deſtin m'a *coûtés* (2) !

EXEMPLES des participes qui ne se déclinent jamais.

commencé à bâtir (Quoi?) *cette maison.* » Donc *commencé* ne doit pas changer de terminaison.

58.

« Elle soupira , joignit les mains, leva les yeux, et je vis qu'en effet elle employait *cette difficile prière qu'*elle avait *dit être* celle du malade (1). » — Dans cet exemple , tiré de J. J. ROUSSEAU, *dit* ne se décline point, parce que cette construction tient du *gallicisme,* c'eſt-à-dire, d'une façon de parler extraordinaire. Quelle eſt l'analyse de cette phrase ? La voici : « Je vis qu'en effet elle employait la difficile prière, *qui était,* selon ce qu'elle avait *dit,* la prière du malade.

PARTICIPES joints au verbe avoir, *et précédés d'un* nom substantif, *considéré seulement comme* sujet.

66.

Que de rares vertus *ont orné* ses triomphes !

---

(1) *La nouvelle Héloïse, partie* 6, *lettre* 11.
(2) *Eryphile,* act. 1, sc. 3.

G

EXEMPLES des participes qui se déclinent toujours.

— VOLTAIRE, de qui cet exemple est emprunté, n'a dit *coûté* (au *singulier*), au lieu de *coûtés* (au *pluriel*), que par une licence poétique; car l'analyse veut qu'on dise, « Ton destin m'a coûté (Quoi ?) *bien des pleurs.* » Le mot *pleurs* sert là de *régime* au *participe.* Non-seulement ce *régime* précède, mais il est *direct* ; donc *coûtés* doit s'accorder en *genre* et en *nombre* avec *pleurs* (1).

60.

« *Que de folies* n'ont-ils pas *faites !* » — Dans cet exemple, *folies* est le *régime direct* de *faites* : ce *régime* précède ; donc le *participe* doit être au

EXEMPLES des participes qui ne se déclinent jamais.

— Dans cet exemple, le *participe* n'est précédé d'aucun *régime* ; car le substantif *vertus* sert là de *sujet* ; l'adverbe *que de* en fait partie ; donc *orné* ne doit point se décliner (2). C'est comme s'il y avait, « Bien des vertus rares *ont orné* ses triomphes. »

---

(1) On lit dans une édition des Œuvres de RACINE, (*Phèdre,* act. 2, sc. 5) :

    Que de soins m'eût coûté cette tête charmante !

Il faut lire *coûtés* ; pourquoi ? Parce que c'est comme s'il y avait, « Cette tête charmante *m'eût coûté* (Quoi ?) *bien des soins.* »

(2) D'OLIVET a dit que dans tous les cas où l'*adverbe de quantité* fait partie du *sujet,* la *syntaxe* est fondée sur le *nombre* et le *genre* du *substantif :* il devait dire le contraire ; pourquoi ? Parce que le *participe* ne se décline que quand l'adverbe *que de* ou *combien de* fait partie du *régime.* Si cette erreur s'est accréditée, c'est qu'au fond la *Grammaire* présente bien plus de difficultés qu'on ne pense. (*Plus habet in recessu, quàm in fronte promittit.*) QUINTILL. *Instit. orat. lib.* 1, c. 4.

EXEMPLES des participes qui se déclinent toujours.

pluriel féminin. — L'adverbe *que de* ne se considère là que comme faisant partie du *régime* qu'il modifie. C'est comme s'il y avait : « ils ont fait (Quoi?) *bien des folies.* »

61.

Et de ce peu de jours si long-temps attendus,

Ah, malheureux ! *combien j'en ai déjà perdus* (1) !

— Dans ces vers de RA- CINE, le substantif *jours* est le *régime direct* de *perdus* : ce *régime* précède ; donc *perdus* doit s'accorder en *genre* et en *nombre* avec *jours.* — Le pro- nom *en* est mis là pour ce *substantif* ; ainsi la phrase grammaticale est : « J'ai perdu (Quoi?) *bien des jours* (2). »

62.

Qu'ai-je donc fait, grands dieux? *quel cours infortuné*

A ma funeste vie aviez-vous *des- tiné* (3) ?

— Dans ces deux vers de

EXEMPLES des participes qui ne se déclinent jamais.

67.

« Combien de femmes *ont mis* la vertu au dessus de la beauté ! » — Dans cet exem- ple, le mot *femmes* sert de *sujet* ; *combien de* en fait par- tie : où se trouve le *régime direct ?* Après le *participe* ; donc *mis* ne doit pas se dé- cliner.

68.

Quel pouvoir *a rompu* des nœuds jadis si saints ?

— Dans ce vers emprunté de VOLTAIRE, le mot *rompu* a bien pour *régime direct,*

---

(1) *Bérénice,* act. 4, sc. 4.

(2) Cet exemple vient à l'appui de ce qu'on a déjà dit sur le pronom *en,* considéré comme *régime direct.*

(3) *Bérénice,* act. 5, sc. 4.

Exemples des participes qui se déclinent toujours.

RACINE, le *participe* est au *singulier masculin*, parce qu'il est précédé du substantif *cours*, qui lui sert de *régime* ; l'adjectif *quel* en fait partie : ce *régime* est *direct*, puisque c'est comme s'il y avait, « Vous aviez destiné à ma funeste vie (Quoi ?) *un cours bien infortuné*. » Donc *destiné* doit s'accorder en *genre* et en *nombre* avec *cours*.

63.

Quelle guerre intestine avons-nous allumée (1) ?

— Dans ce vers de RACINE, le *sujet* est *nous* ; le *régime* est *guerre* ; l'adjectif *quelle* en fait partie. Non-seulement ce *régime* précède, mais il est *direct*, puisque c'est comme s'il y avait, « Nous avons *allumé* (Quoi ?) *une guerre intestine*. » Donc *allumée* doit s'accorder en *genre* et en *nombre* avec *guerre*.

64.

Quels courages Vénus n'a-t-elle pas domptés (3) ?

Exemples des participes qui ne se déclinent jamais.

le substantif *nœuds* ; mais ce *régime* suit ; donc le *participe* ne doit pas non plus se décliner.

69.

Quelle lumière affreuse *a passé* dans mon ame (2) ?

— Dans cet autre vers de VOLTAIRE, il n'y a pas de *régime* ; il n'y a qu'un *sujet*, exprimé par le substantif *lumière* ; l'adjectif *quelle* en fait partie : c'est comme s'il y avait, « Une lumière affreuse *a passé* dans mon ame. » Donc le *participe* est indéclinable.

70.

Quels malheurs ont terni l'éclat de ses beaux jours ?

---

(1) *Esther*, act. 3, sc. 4.
(2) *Zaïre*, act. 3, sc. 7.
(3) *Phèdre*, act. 1, sc. 1.

EXEMPLES des participes qui se déclinent toujours.

— Dans ce vers de RA-CINE, le *participe* est au *pluriel masculin*. Pourquoi? Parce que le *régime*, exprimé par *courages*, est *direct*, puisque c'est comme s'il y avait, « Vénus *a dompté* (Quoi?) *bien des courages*. » Ce *régime* précède ; donc le participe *domptés* doit s'accorder en *genre* et en *nombre* avec le substantif *courages*.

65.

Quelles bontés enfin vous a-t-il *témoignées ?*

— Dans cet exemple, le *participe* se décline, parce qu'il est précédé d'un *régime*, exprimé par le substantif *bontés* : ce *régime* est *direct*, puisque c'est comme s'il y avait, « Vous a-t-il enfin *témoigné* (Quoi?) *quelques bontés ?*

PARTICIPES joints au verbe avoir, et suivis d'un adjectif.

72.

De soins plus importants je *l'ai crue agitée* (1).

EXEMPLES des participes qui ne se déclinent jamais.

— Dans cet exemple, le substantif *malheurs* sert de *sujet* et non pas de *régime*, puisque c'est comme s'il y avait, « Quelques malheurs *ont-ils terni* (Quoi?) *l'éclat* de ses beaux jours ? » La construction ne présente pas de *régime* qui précède ; donc le *participe* ne doit pas se décliner.

71.

Quelles honnêtes gens *ont manqué* de parole ?

— Dans cet exemple, *manqué* ne change point de terminaison, parce qu'il n'est précédé d'aucun *régime* : c'est comme s'il y avait, « Jamais des gens honnêtes n'*ont manqué* de parole. » Donc le *participe* ne doit pas se décliner.

PARTICIPES joints au verbe avoir, et suivis d'un adjectif.

74.

Mais sa langue en sa bouche à l'instant *s'est glacée* ;

---

(1) *Andromaque*, act. 1, sc. 2.

EXEMPLES des participes qui se déclinent toujours.

73.

Je l'ai rendue horrible à ses yeux inhumains (1).

— Dans ces vers de RA-CINE, *crue* et *rendue* se déclinent, parce qu'ils sont précédés d'un *régime*, exprimé par *la*, pour la *Grèce*, dans le premier vers, et pour *l'épée d'Hippolyte*, dans le second vers : ce *régime* est *direct* ; donc *crue* et *rendue* doivent s'accorder en *genre* et en *nombre* avec *la*. — Le mot *agitée* et le mot *horrible* suivent, comme l'on voit, la règle du *substantif* et de l'*adjectif*. — On lit dans BOILEAU (*Sat. X*),

La belle tout à coup rendue inso-ciable.....

Ce *rendue* est, non pas *participe*, mais *adjectif verbal*. Pourquoi ? Parce qu'il est là détaché de tout *auxiliaire* comme l'adjectif *insociable*. Il ne faut donc pas plus con-

EXEMPLES des participes qui ne se déclinent jamais.

Et toute son audace a paru ter-rassée (2).

— Dans ces vers de RA-CINE, il y a deux *participes* ; l'un qui est joint au verbe *être*, et l'autre qui est joint au verbe *avoir*. Le premier *participe* se décline, parce qu'il s'accorde en *genre* et en *nombre* avec le *sujet* (3) ; le second ne se décline point, parce qu'il n'est précédé d'aucun *régime* : quant à l'adjectif *terrassée*, il est au *singulier féminin*, parce qu'il se rapporte au substantif *audace*.

---

(1) *Phèdre*, act. 3, sc. 1.

(2) *Athalie*, act. 2, sc. 2.

(3) On ne parle pas ici de la particule *se*, parce qu'elle ne peut se considérer comme un *régime*, en ce qu'elle n'est pas rigoureusement nécessaire au sens : c'est comme s'il y avait, « a été glacée. »

EXEMPLES des participes qui se déclinent toujours.

fondre un *adjectif* avec un *participe*, qu'un *participe* avec un *adjectif*.

PARTICIPES suivis d'un infinitif, *devant lequel le* régime *peut se placer.*

75.

Cette nuit, je *l'ai vue* arriver en ces lieux (1).

— Dans ce vers de RA-CINE, « Je l'ai *vue*, » signifie « J'ai vu *elle*, » ainsi c'est comme s'il y avait, « J'ai vu *elle* arriver en ces lieux. » (*Néron* parle de *Junie*.) — Quel est le *régime* qui pré-cède ? C'est *la*, mis pour *elle :* ce *régime* est *direct ;* donc le *participe* doit se décliner. — RÈGLE GÉNÉRALE. Quand le *régime* peut se placer entre le *participe* et l'*infinitif* sans al-térer le sens de la phrase, le *participe* se décline toujours ; il n'y a point d'exception à cette règle.

76.

Les a-t-on *vus* marcher parmi vos ennemis (2).

EXEMPLES des participes qui ne se déclinent jamais.

PARTICIPES suivis d'un infinitif, *après lequel le* régime *peut se placer.*

83.

« Beaucoup de réputations meurent dans le cercle étroit qui *les a vu naître*. » — Dans cet exemple, l'*infinitif* régit le pronom *les*, parce que ce sont, non pas *les réputations* qu'on a *vues*, mais *les réputa-tions* qu'on a *vu naître*.

84.

« *Les officiers qu'on a vu désarmer*, » pour, « On a vu

---

(1) *Britannicus*, act. 2, sc. 2.
(2) *Esther*, act. 3, sc. 4.

EXEMPLES *des participes qui se déclinent toujours.*

— Dans cet autre vers de RACINE, le *régime direct*, exprimé par *les*, peut se placer entre le *participe* et l'*infinitif*; car rien n'empêche de dire, « A-t-on vu *eux* marcher parmi vos ennemis ? » Ce *régime* précède le *participe*; donc *vus* doit s'accorder en *genre* et en *nombre* avec *les*.

77.

« Je *l'ai vue* peindre, » signifie, « J'ai vu *elle* peindre, » c'est-à-dire, « J'ai vu *elle* qui peignait. » — Dans cette façon de parler, *peindre* est pris *neutralement*.

78.

« Cette actrice, je *l'ai entendue chanter*, » pour, « J'ai entendu *elle qui chantait*. » — *Elle* est mis là pour, cette *actrice*.

79.

Ils ne se quittaient point : sur les
   mêmes rameaux
On *les eût vus perchés* toute la
   matinée,
  Voler ensemble à la dînée,
  S'abreuver dans les mêmes
   eaux (1).

(1) *Fable des moineaux.*

EXEMPLES *des participes qui ne se déclinent jamais.*

désarmer (Qui ?) *les officiers.* » — Dans cet exemple, *vu* est au *singulier*. Pourquoi ? Parce que *vus*, au *pluriel*, attribuerait aux officiers l'action de *désarmer*; ce qui serait un contre-sens, puisque c'étaient non pas les officiers qui désarmaient, mais les officiers qui étaient désarmés.

85.

« Je *l'ai vu peindre*, » signifie, « J'ai vu *peindre elle*, » c'est-à-dire, « J'ai vu *elle qu'on peignait*. » — Dans cette façon de parler, *peindre* est pris *activement*.

86.

« Cette ariette, je l'ai entendu chanter, » pour, « J'ai entendu *elle qu'on chantait*. » — *Elle* est mis là pour, cette ariette.

— Dans

Exemples des participes qui se déclinent toujours.

Exemples des participes qui ne se déclinent jamais.

— Dans ces vers de LA-MOTTE, *les* signifiant *eux*, c'est-à-dire, *les moineaux*, c'est comme s'il y avait, « On eût vu *eux* voler, etc. » Le génie de notre langue s'oppose à ce qu'on dise, « On eût *vu voler eux*. » Pourquoi? Parce qu'il y aurait *équivoque* dans *voler*, pris *activement :* il n'y a donc pas, dans la langue, de nuances, quelque faibles qu'elles soient, que l'on puisse négliger.

80.

Il est environné de la troupe fidelle
Des mêmes *courtisans* que j'ai *vus* autrefois
S'empresser à ma suite (1).....

— Dans ces vers, emprun-tés de VOLTAIRE, le subs-tantif *courtisans* est le *régime direct* de *vus ; que* fait partie du *régime :* il précède, et peut se placer entre le *participe* et l'*infinitif*, puisque c'est com-me s'il y avait, « J'ai vu au-trefois *les mêmes courtisans*, dont la troupe fidelle l'en-vironne, s'empresser à ma

______

(1) *Mérope*, act. 5, sc. 4.

H

Exemples des participes qui se déclinent toujours.

Exemples des participes qui ne se déclinent jamais.

suite. » Donc *vus* doit s'accorder en *genre* et en *nombre* avec *courtisans.*

81.

« La mort, il *l'a vue* s'approcher. » — M. l'abbé DE LILLE, de qui cet exemple est emprunté (1), n'a point décliné le *participe*, parce qu'il n'a vu dans cette phrase qu'un *régime direct* ; mais il y en a deux, qui sont *la* et *se.* L'ellipse du *pronom*, dans un *verbe* appelé *réfléchi*, est si peu permise, que c'est ce *pronom* seul qui exprime l'action de la personne même qui agit. *Vue* doit donc régir *la*, comme *approcher* doit régir *se.* L'exemple qui suit va au surplus achever d'éclaircir ce qui semble n'être encore qu'en question.

82.

« (Cette femme), on *l'a laissée* battre son mari, » pour, « On a laissé (Qui?)

87.

Il faut dire, en parlant d'une femme : « Son médecin *l'a laissé* mourir, » comme

---

(1) Discours de réception à l'Académie française. --- Ce n'est point ici une critique, c'est une observation que la Grammaire semble autoriser : un écrivain aussi justement célèbre que M. l'abbé DE LILLE peut avoir des leçons à donner, mais il n'en a point à recevoir.

Exemples des participes qui se déclinent toujours.

elle battre son mari. » — Dans cet exemple, il y a deux *régimes directs* ; l'un qui suit, et l'autre qui précède ; *la* est le *régime* de *laissée*, comme *son mari* est le *régime* de *battre* : *la* précède ; donc *laissée* doit se décliner. — Si, au lieu de donner, à l'*infinitif*, un *régime* qui suit, on disait, en parlant de plusieurs hommes, « On *les* a *laissés se battre*, » y aurait-il également deux *régimes* ? Oui, certes. Hé bien ! telle est à peu près la phrase de M. l'abbé DE LILLE ; la question est par conséquent résolue.

Exemples des participes qui ne se déclinent jamais.

on dit, « Ce remède *l'a fait* mourir. » En effet, quelle différence peut-on trouver entre deux *verbes actifs* qui se lient à des *verbes neutres*, pour donner à ceux-ci un *sens actif* ? On n'en connaît aucune. « *Faire* ou *laisser* mourir quelqu'un, » présente absolument la même construction. RACINE a donc pu mettre, dans la bouche de *Néron*, ces deux vers où il est question de *Junie*,

Immobile, saisi d'un long étonne-
   nement,
Je *l'ai laissé* passer dans son appartement.

RACINE savait si bien que la saine logique doit l'emporter sur les subtilités grammaticales, qu'en prose même il ne se serait pas permis de dire, « Je *l'ai laissée* passer dans son appartement. » Une très-grande justesse dans l'esprit, voilà ce qu'il possédait au plus haut degré ; aussi est-il et sera-t-il toujours, non-seulement le premier des grammairiens, mais encore le premier des grands poètes.

FIN.